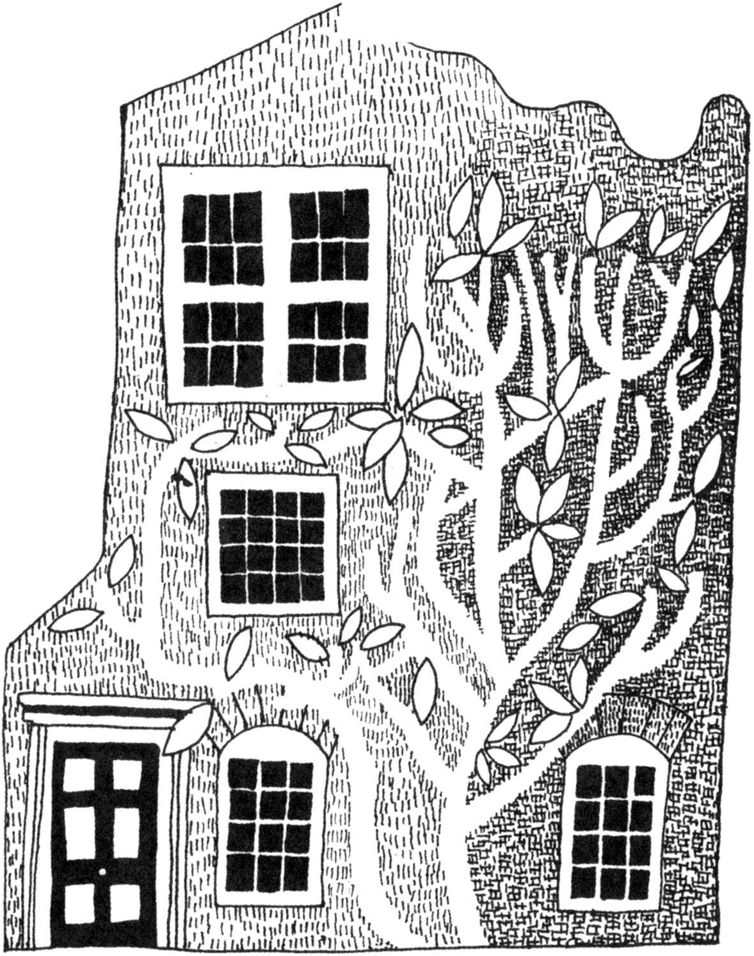

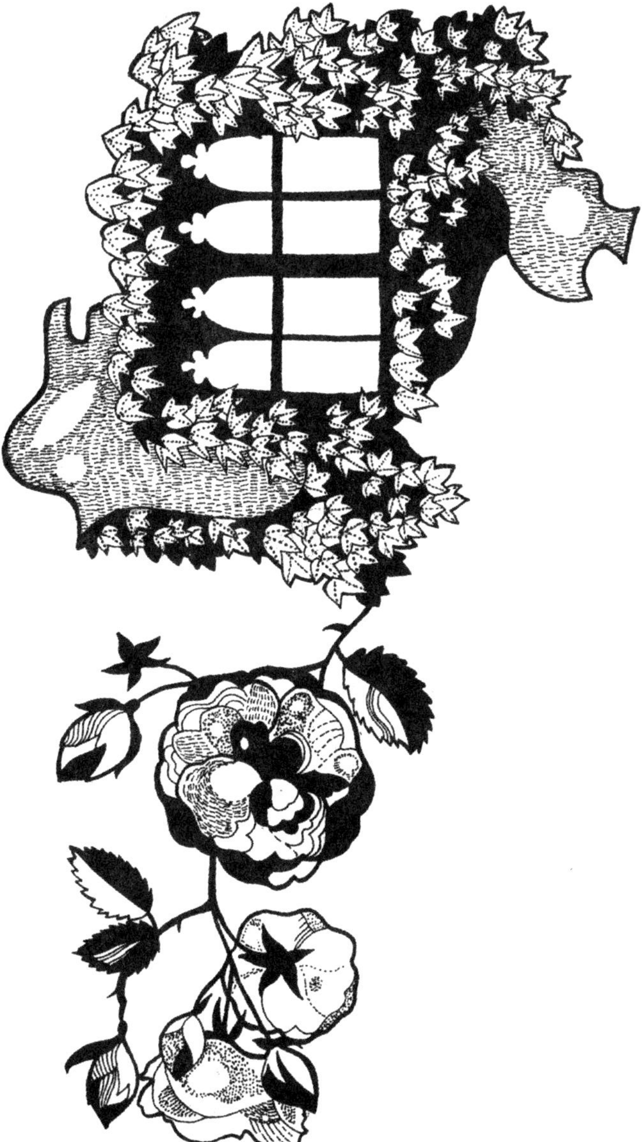

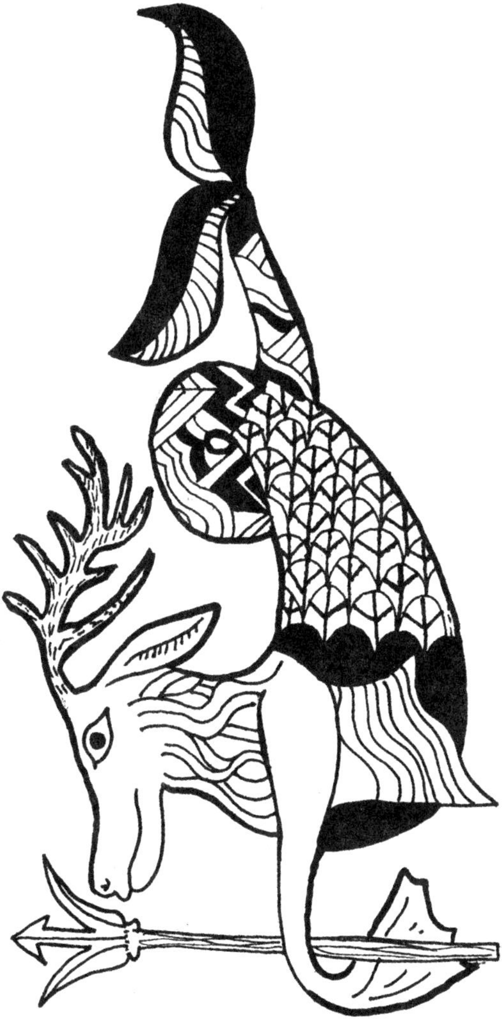

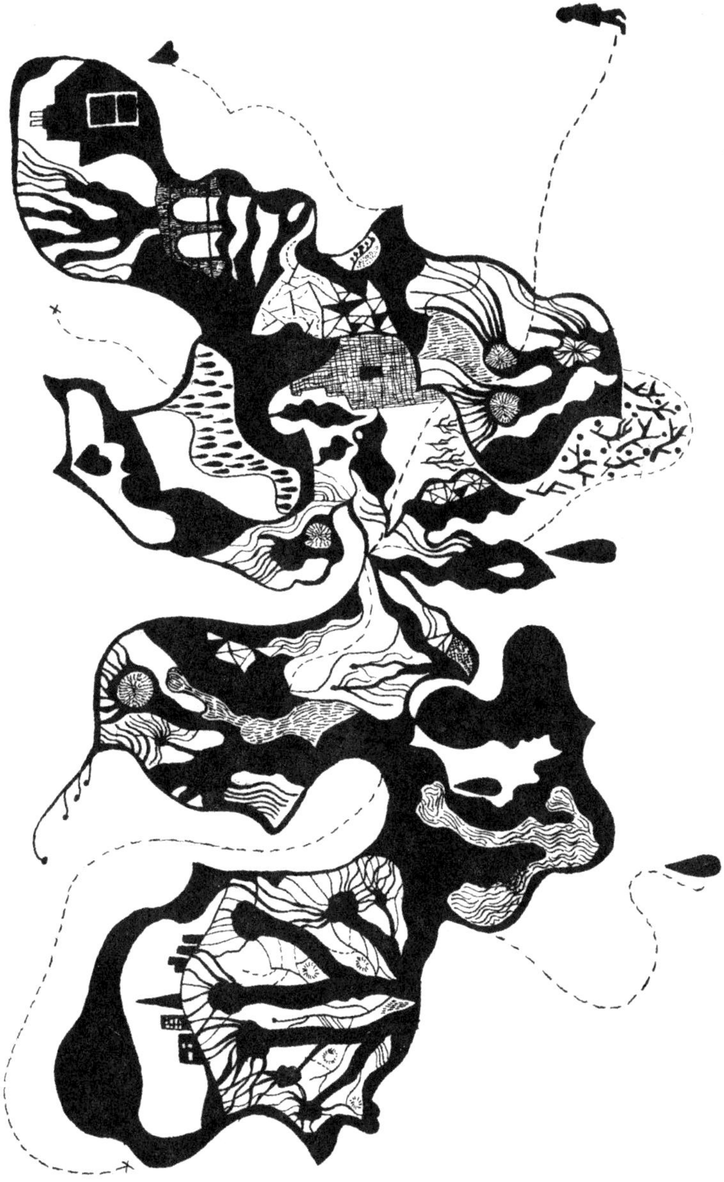

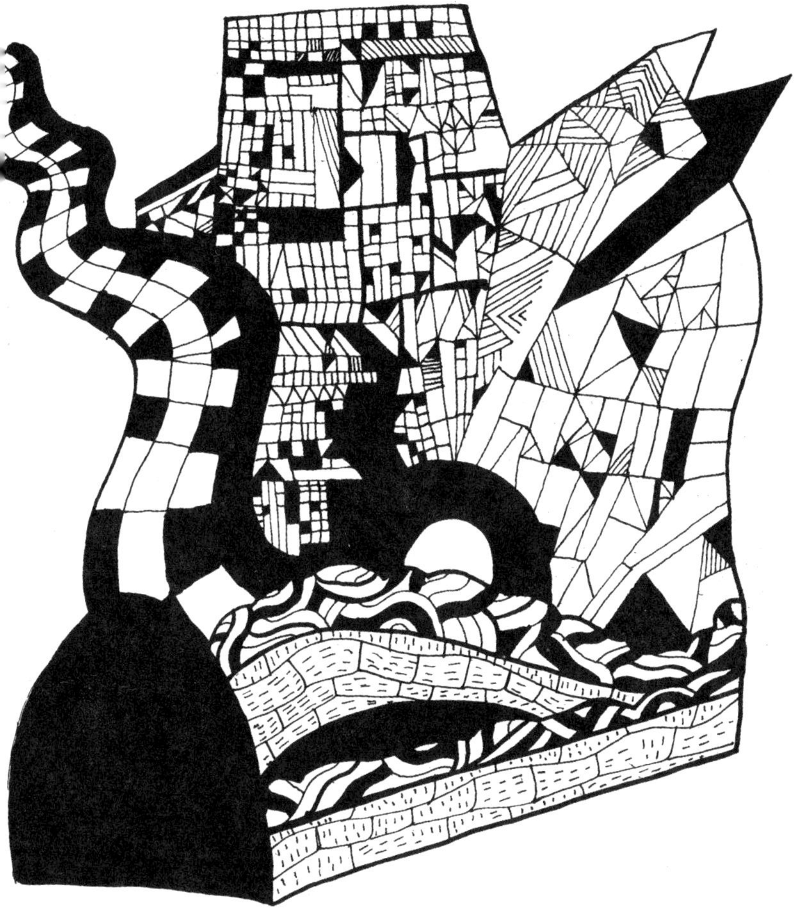

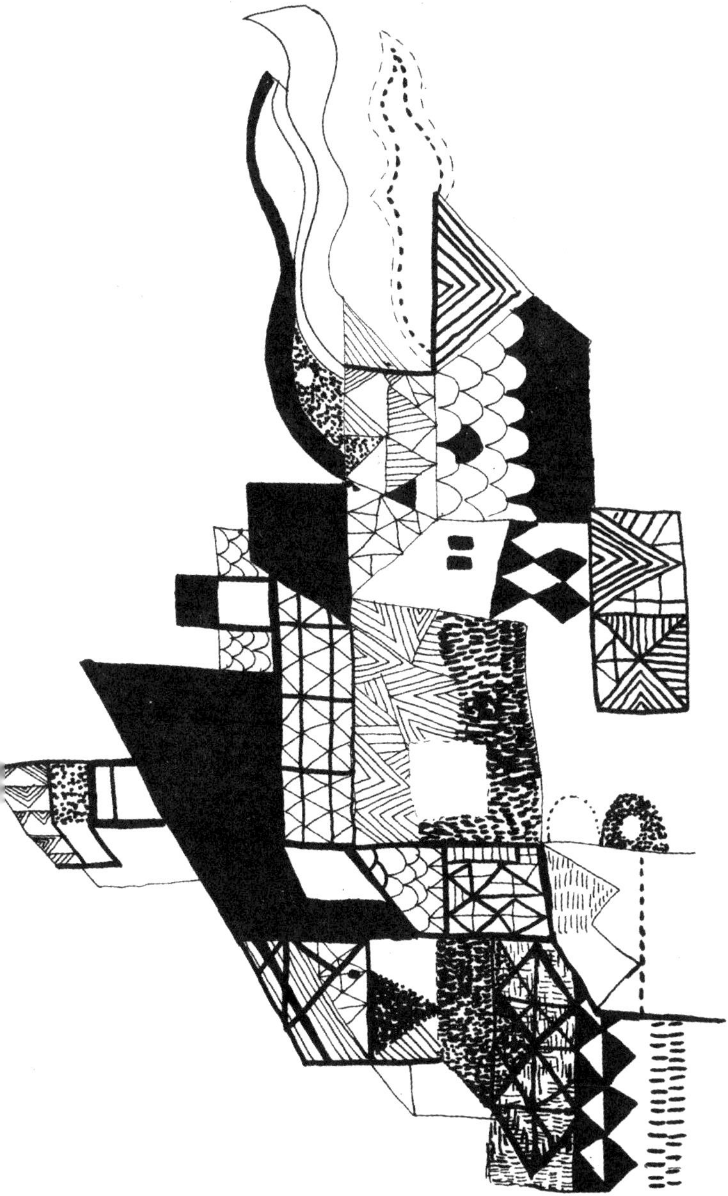

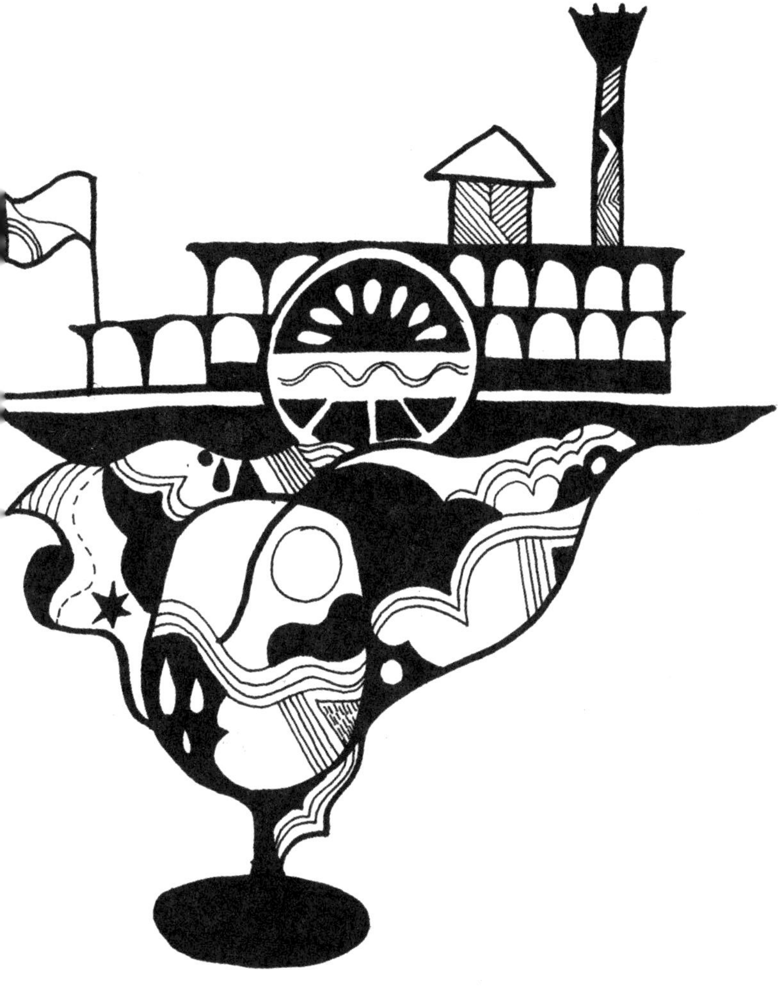

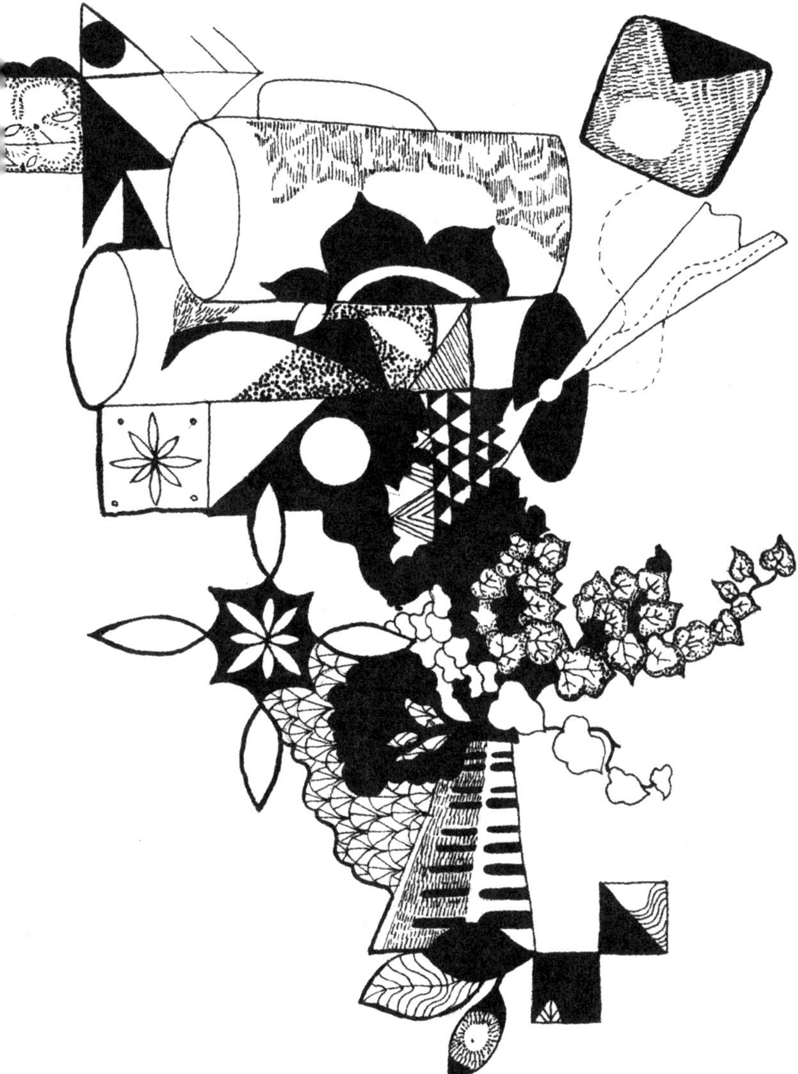

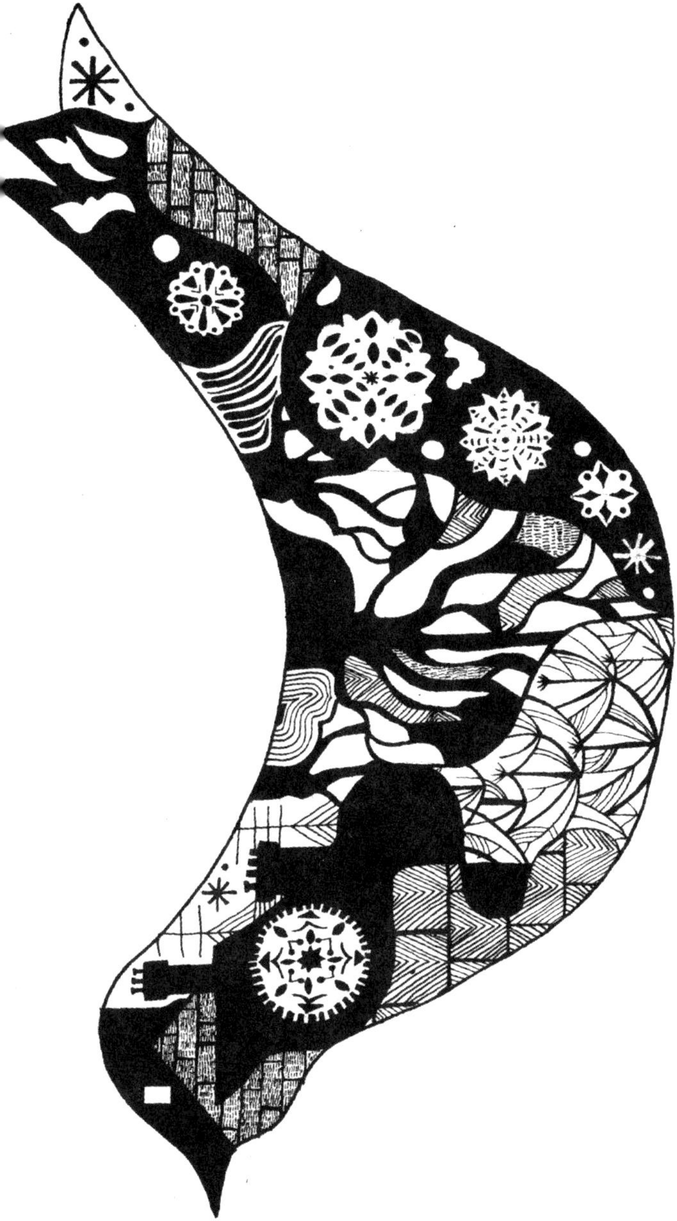

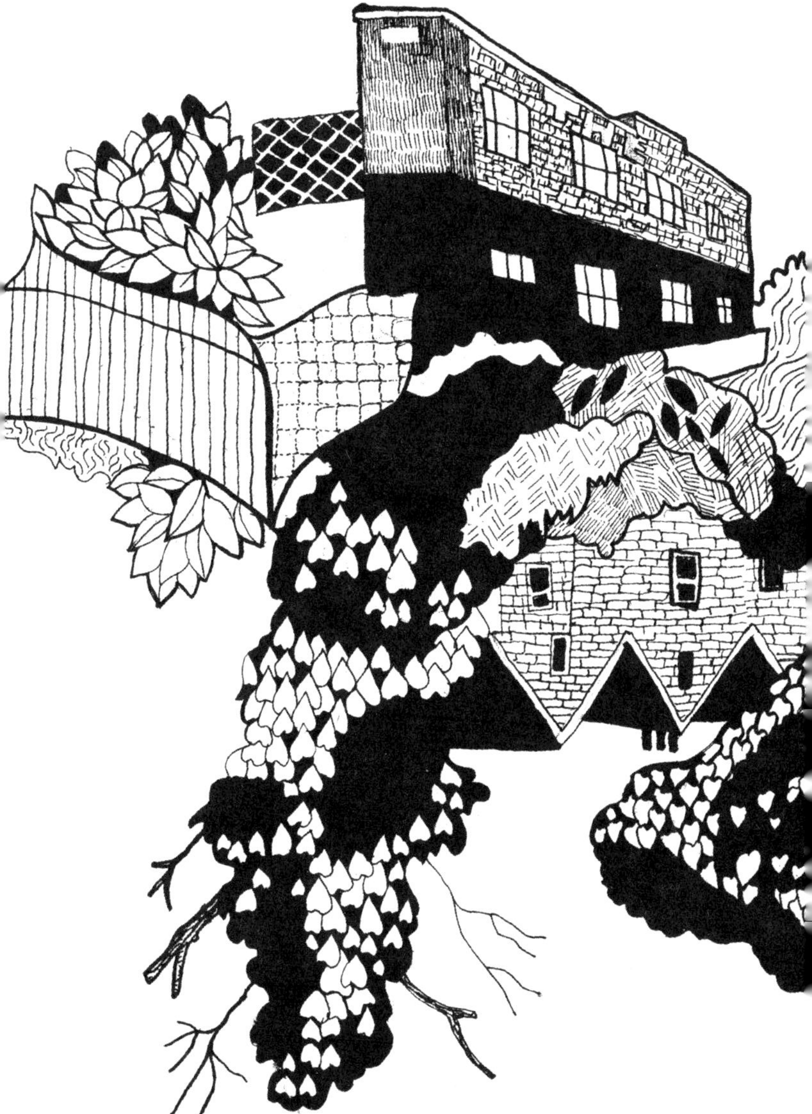

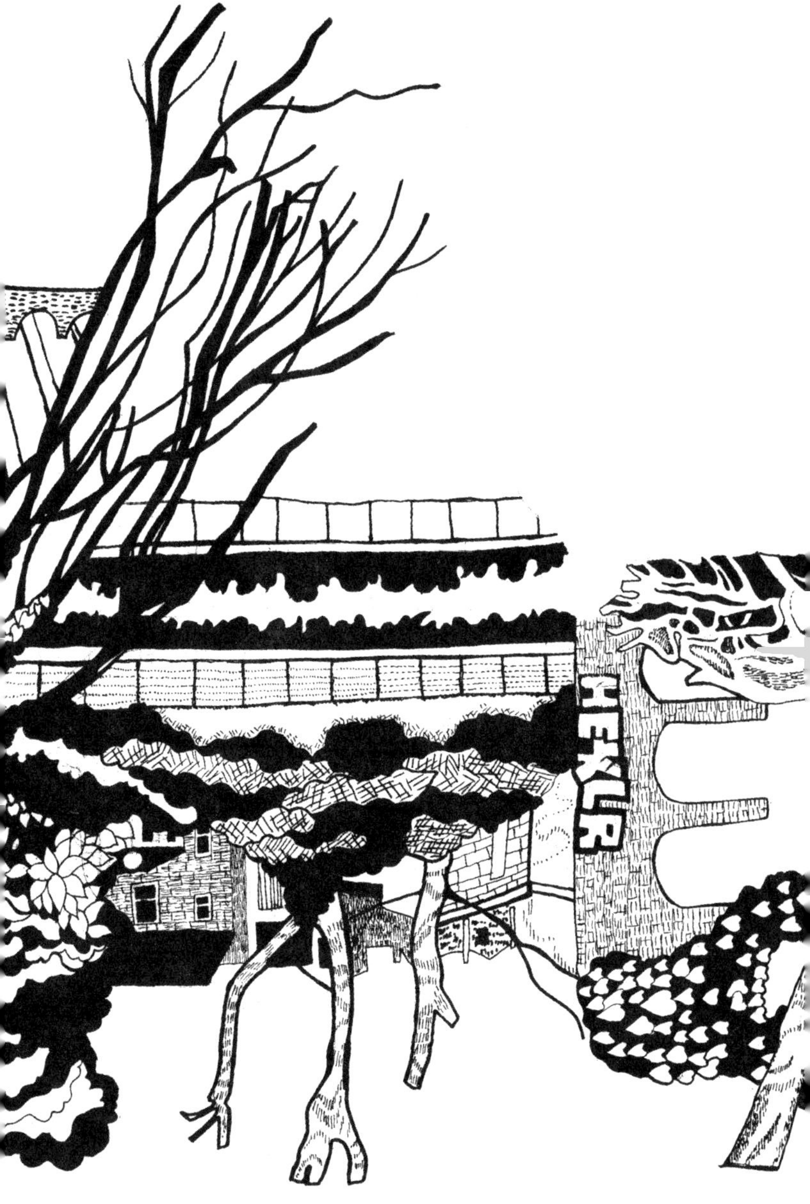
HEKLR

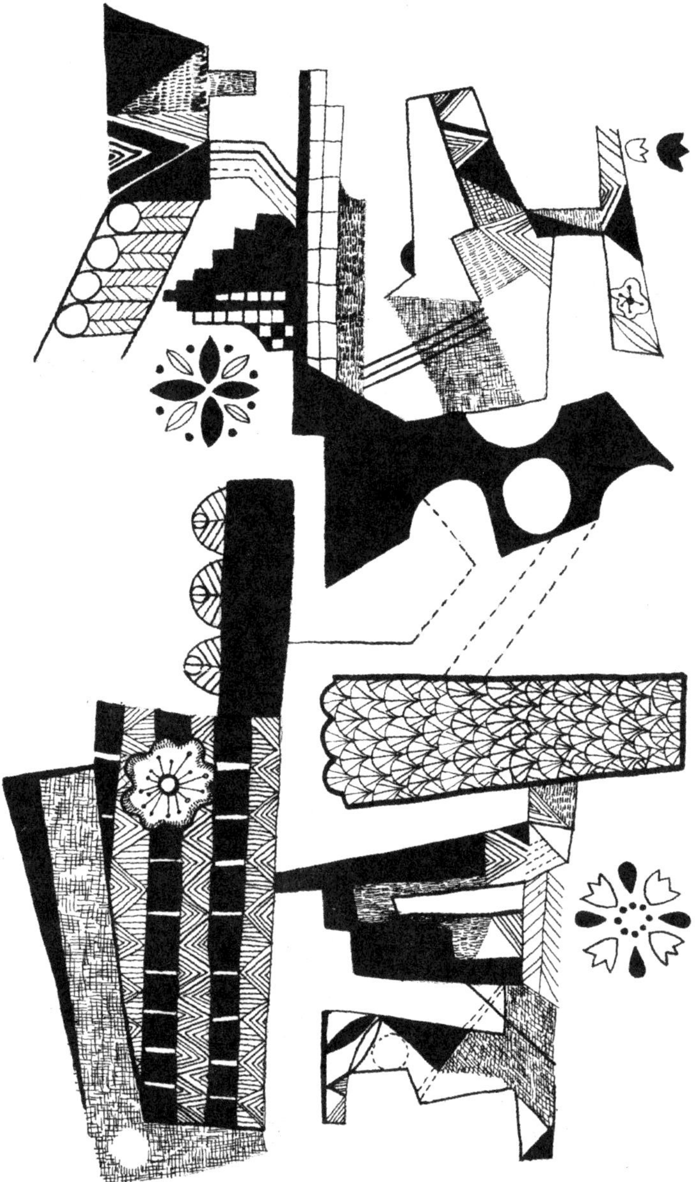

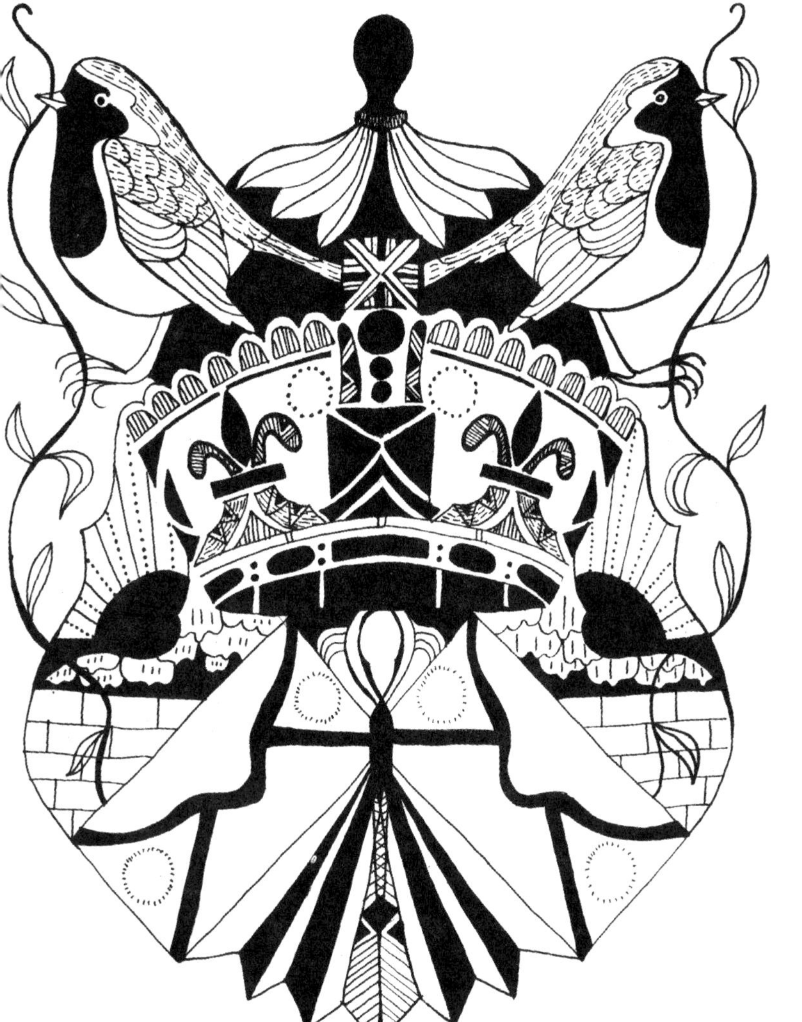

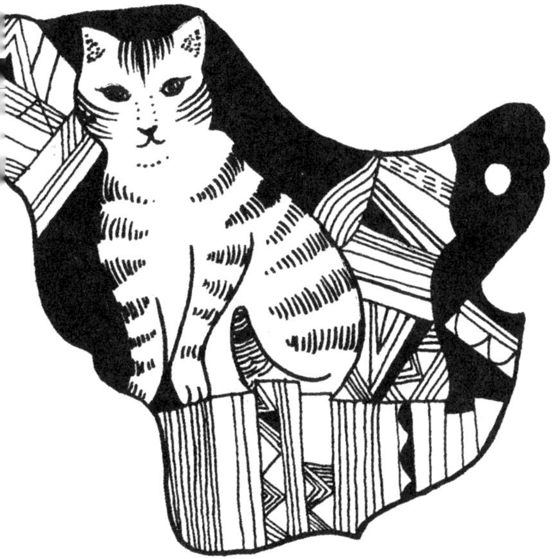

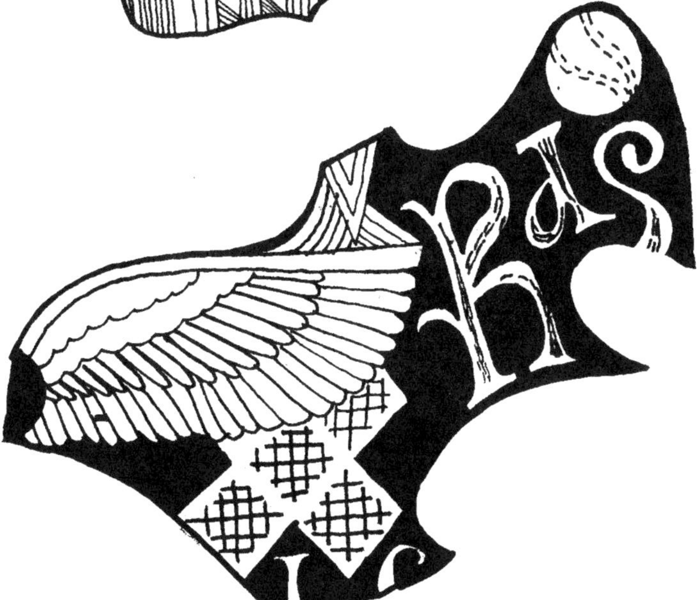

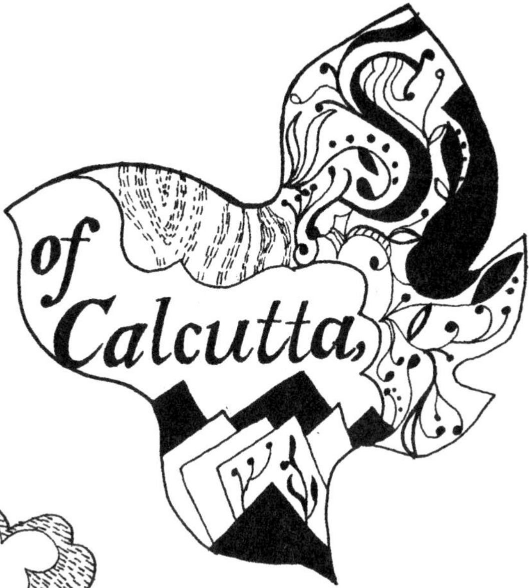
of Calcutta,

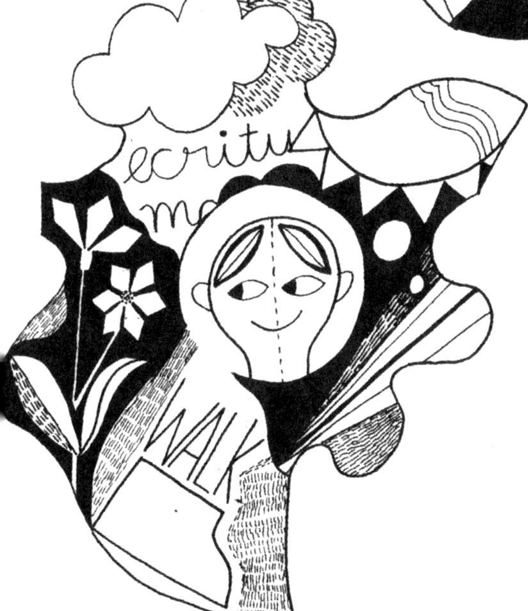
WALK

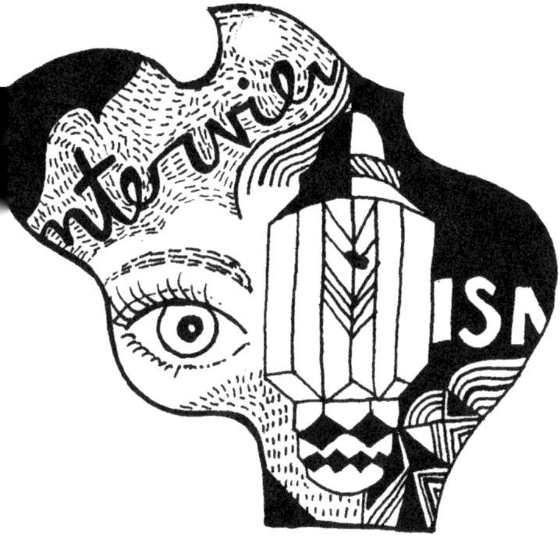
ISN

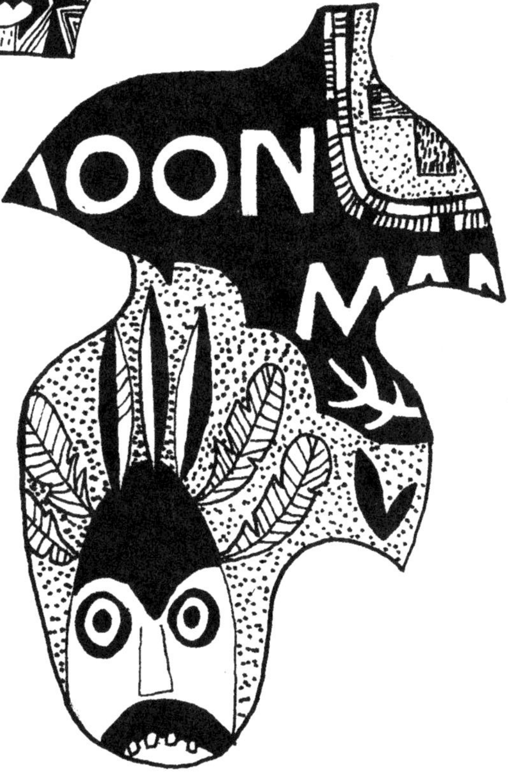
OON
MA

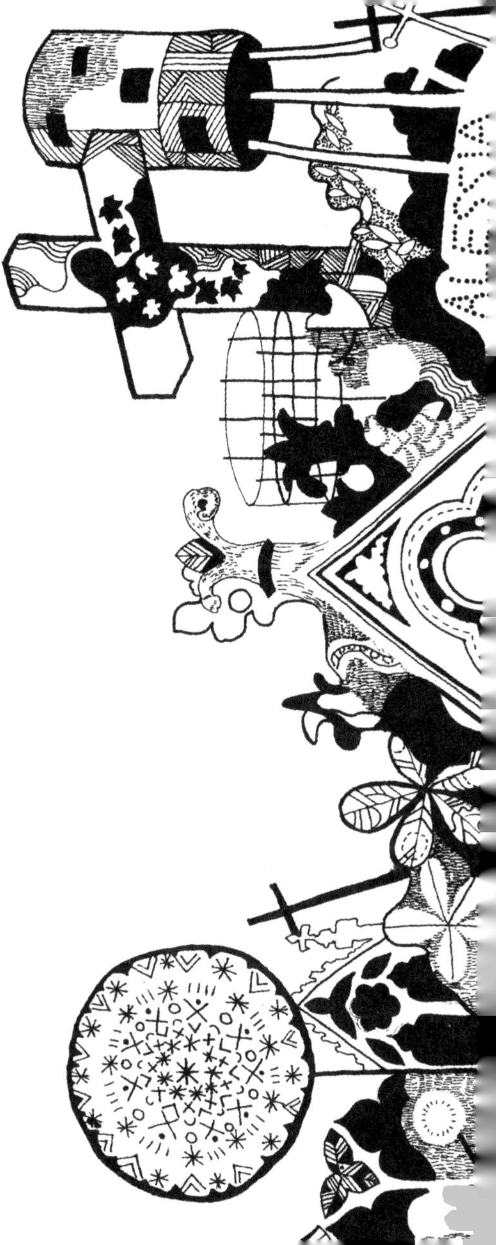

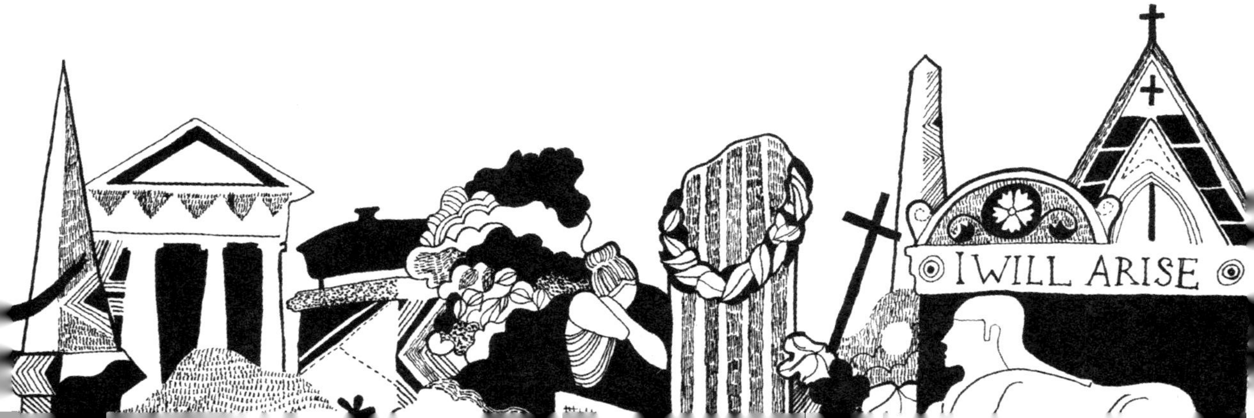
I WILL ARISE

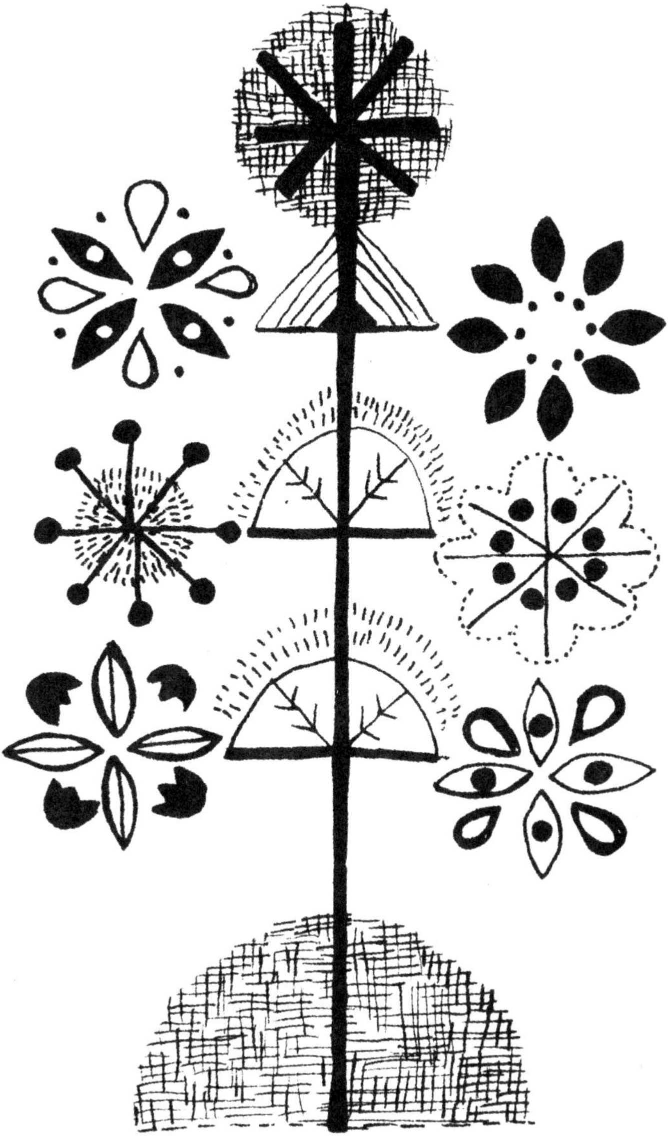

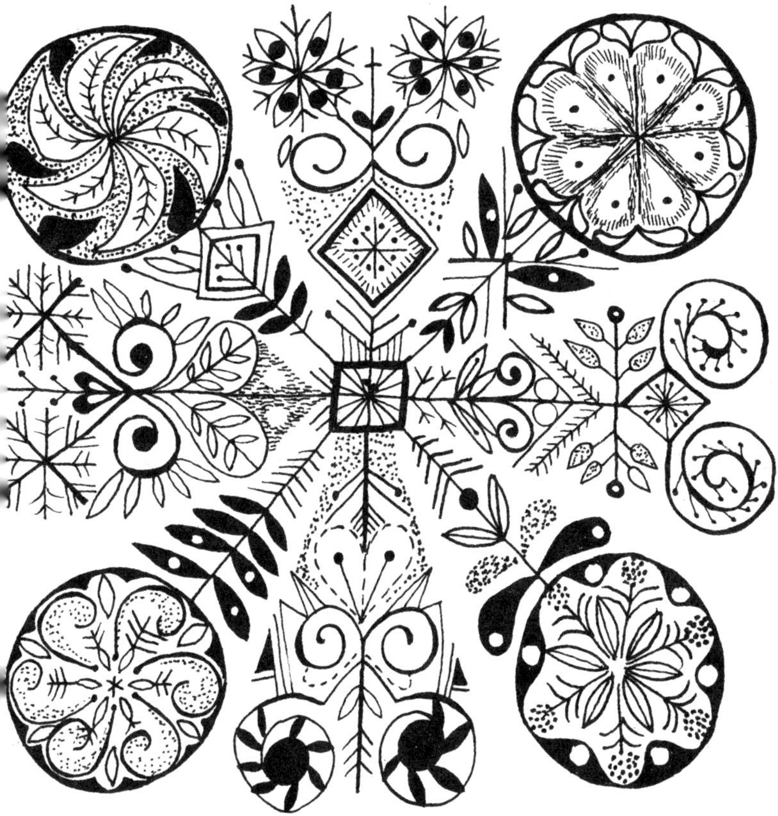